Herrn Dr. Gernot Nieschler herzlichen Dank für
Hinweise und Anregungen bei der Textfassung

Dresden-Skizzen

ZEICHNUNGEN UND TEXTE VON GERHARD KLEIN

Residenzschloss

Das Residenzschloss im Zentrum der Dresdner Altstadt war über Jahrhunderte Sitz der sächsischen Herrscher. Einst als vormittelalterliche Burg erbaut, erfolgte von 1548 bis 1556 der Umbau zu einer prachtvollen Schlossanlage. Besonders markant und alles überragend ist der von 1674 bis 1678 errichtete 101 Meter hohe Hausmannsturm. Seit Mitte der 1990er Jahre kann der Turm wieder bestiegen werden.
Einen unschätzbaren Wert verkörpert die im Schloss befindliche Schatzkammer der Wettiner, die bereits unter August dem Starken eingerichtet wurde. Heute ist sie weithin bekannt ist das Grüne Gewölbe mit seinen einmaligen Kunstschätzen. Es zählt zu den Hauptattraktionen für Besucher aus aller Welt.

Residenzschloss
G.M.

2

Verbindungsbrücke am Schloss

Die Verbindungsbrücke am Schloss schafft einen Übergang zum Taschenbergpalais und entstand von 1889 bis 1901 im Zusammenhang mit einer umfassenden Sanierung des Schlosskomplexes. Dabei wurde die Brücke an den neu errichteten Südflügel des Residenzschlosses angebaut. Das Bauwerk überquert mit dem Torbogen die Straße am Taschenberg. Der darüber liegende geschlossene Gang ermöglichte eine Verbindung vom Schloss zu den Wohngemächern der jeweiligen Kronprinzen-Familien. Das von 1705 bis 1708 für die Gräfin Cosel errichtete Taschenbergpalais ist heute ein exklusives Hotel.

Verbindungsbrücke
am Schloss

G. M.

③

Hofkirche

Die Hofkirche am Fuße der Augustusbrücke ist als dreischiffige Basilika für das zum katholischen Glauben gewechselte Wettiner Herrscherhaus errichtet worden. 1738 wurde unter dem Sohn August des Starken, Kurfürst Friedrich August II., der Grundstein gelegt. Die Fertigstellung erfolgte 1754. Das Gotteshaus erhielt 1897 eine Verbindungsbrücke zum Schloss. Das im römischen Barock errichtete Bauwerk ist eine der größten Kirchen in Sachsen. Der grazile Glockenturm hat eine Höhe von rund 90 Metern. In den Wandnischen und auf den Balustraden des Langhauses sind 78 aus Sandstein gehauene Heiligenfiguren aufgestellt. Ein Glanzpunkt der Innenausstattung ist die Silbermannorgel von 1753. In der Gruft der Hofkirche befinden sich 49 Särge von katholischen Wettiner Fürsten. Das Herz August des Starken ist hier in einer Urne aufbewahrt.

Hofkirche

Fürstenzug

Der Fürstenzug in der Augustusstraße zeigt die Ahnengalerie der Wettiner, die vom 12. bis zum Beginn des 20. Jahrhunderts in Sachsen herrschten. An der Außenwand des „Langen Ganges“ zwischen Residenzschloss und Johanneum ist der 957 Quadratmeter große Fries das größte Porzellanbild der Welt. Es wurde mit 25.000 Fliesen aus Meißener Porzellan zusammengefügt. Das Kunstwerk war ursprünglich in Sgraffito-Technik ausgeführt worden. Wegen der starken Verwitterung begann man 1904 mit der Übertragung der Motive auf Porzellanfliesen. Am Ende des Zuges ist der Schöpfer des Bildes, Prof. Wilhelm Walther dargestellt.

Fürstenzug

Frauenkirche

Die Frauenkirche, von 1726 bis 1743 von dem Baumeister George Bähr geschaffen, war mit ihrer 95 Meter hohen Sandsteinkuppel bis 1945 die Krone der Dresdner Stadtsilhouette und einer der bedeutendsten protestantischen Sakralbauten.
Nach der Zerstörung im Februar 1945 diente die Ruine lange Zeit als Mahnmal gegen den Krieg. 1992 entschloss man sich dann zum Wiederaufbau des städtebaulich und kulturell so wichtigen Monumentalbaues. Unter Verwendung einer Vielzahl noch vorhandener originaler Bauteile und mit großzügigen Spenden aus aller Welt begann 1994 der originalgetreue Wiederaufbau. 2005 wurde die Frauenkirche neu eingeweiht und ist heute wieder ein Prunkstück barocker Baukunst in Dresden.

Frauenkirche

⑥

Kunstakademie

Die Kunstakademie mit dem Ausstellungsgebäude des Sächsischen Kunstvereins ist heute die Hochschule für Bildende Künste. Von 1891 bis 1894 errichtet, wurde die Kunstakademie Domizil der 1764 gegründeten Akademie für Bildhauerei, Baukunst und Malerei. Die historisierenden Formen des Bauwerkes mit den üppigen Schmuckelementen und der Glaskuppel sollten der Bedeutung Dresdens als Kunststadt besonderen Ausdruck verleihen. Damals nicht unumstritten, gehört das Gebäude heute zum eindrucksvollen Gesamtbild des Dresdner Altstadtpanoramas. Die gläserne Kuppel wird im Volksmund humorvoll als „Zitronenpresse“ bezeichnet. Die vergoldete Figur auf der Kuppel stellt die Göttin „Fama“ dar.

Kunstakademie

Brühlsche Terrasse

Die Brühlsche Terrasse am Elbufer der Dresdner Altstadt ließ der Staatsminister Graf von Brühl im 18. Jahrhundert auf einer ehemaligen Festungsanlage errichten. Die rund 500 Meter lange Terrasse gewährt eine hervorragende Sicht auf die Dresdner Neustadt und einen herrlichen Blick über die weite Flussebene der Elbe. Vom Terrassenufer aus starten die Raddampfer der Dresdner Flotte zu Ausflügen in die Sächsische Schweiz oder zu den Weingebieten elbabwärts.

Die Terrasse und die unter dem Grafen Brühl entstandenen repräsentativen Gebäude waren damals hauptsächlich der Adelsgesellschaft vorbehalten. Erst mit dem Bau der großen Freitreppe vom Schlossplatz zum Terrassenplateau von 1863 bis 1868 wurde die Brühlsche Terrasse für die Allgemeinheit zugänglich. Die heute dort vorhandenen Bauwerke, vom neuen Ständehaus bis zum Albertinum, entstanden vorwiegend Ende des 19. bzw. Anfang des 20. Jahrhunderts.

Brühlsche Terrasse

G. M.

8

Semperoper

Die Semperoper wurde nach Plänen des Baumeisters Gottfried Semper 1841 erstmals als Hoftheater eingeweiht. Nach einem Brand 1869 wurde es von 1871 bis 1878 wieder aufgebaut. Seit 1913 diente das Gebäude ausschließlich als Opernhaus. Bei der Bombardierung Dresdens am 13. Februar 1945 fiel das Musiktheater ein weiteres Mal einer gewaltsamen Zerstörung zum Opfer. Genau 40 Jahre später, am 13. Februar 1985, konnte das Haus in alter Schönheit nach den Originalplänen Sempers ein drittes Mal eröffnet werden. Mit neuer moderner Bühnentechnik und hervorragender Akustik zählt die Semperoper heute zu den bedeutendsten Opernhäusern in Europa. Foyer, Wandelgänge und Zuschauerraum sind originalgetreu in alter Pracht wieder entstanden. Die leicht geschwungene Renaissancefassade mit dem beeindruckenden Eingangsportal und der Panther-Quadriga ist ein architektonischer Glanzpunkt am Theaterplatz.

Semperoper

Zwinger

Der Zwinger ist das barocke Meisterwerk des Baumeisters Matthäus Daniel Pöppelmann. Die prachtvolle Architektur des Bauwerkes wird durch die kunstvollen Figuren und Plastiken des Hofbildhauers Balthasar Permoser gekrönt.
Der Zwinger entstand ab 1710 unter August dem Starken und diente dem sächsischen Hof als Festplatz. Das hier dargestellte Kronentor mit der Bogengalerie verband zunächst den Wallpavillon und den Glockenspielpavillon zu einem zur Elbe hin offenen Platz. Erst 1854 wurde mit dem Bau der Gemäldegalerie „Alte Meister“ von Gottfried Semper das Ensemble geschlossen.

Zwinger

Schauspielhaus

Das Schauspielhaus, gegenüber dem Kronentor des Zwingers, wurde 1913 eingeweiht und war damals die modernste Sprechbühne Europas. Die Architektur des repräsentativen Gebäudes verbindet Jugendstilformen mit barocken Elementen. Der Zuschauerraum wurde 1945 Opfer der Bombenangriffe und brannte völlig aus. Das Bühnenhaus blieb erhalten, sodass nach der Erneuerung des Zuschauersaales bereits 1948 die Wiedereröffnung des Schauspielhauses gefeiert werden konnte. Bis zur Fertigstellung der Semperoper 1985 war das Haus dann gemeinsame Spielstätte für das Staatsschauspiel und die Staatsoper. 1995 erhielt der Zuschauerraum nach umfassender Sanierung seinen ehemals festlichen Charakter zurück.

Schauspielhaus

Kreuzkirche

Die Kreuzkirche an der Südost-Ecke des Altmarktes ragt mit ihrem 92 Meter hohen Turm weit in das Blickfeld des Platzes. Um 1200 wurde an dieser Stelle der erste Kirchenbau errichtet. Der Name Kreuzkirche geht zurück auf eine Kapelle, die zur Aufbewahrung einer Reliquie vom Kreuz Christi später angebaut wurde. Nach mehrmaliger Zerstörungung durch Brände und Kriege in den folgenden Jahrhunderten wurde das Gotteshaus 1955 in seiner jetzigen Gestalt wieder eingeweiht. Die barocke Grundhaltung des Gebäudes stammt vorwiegend aus dem 18. Jahrhundert.
Die Kreuzkirche ist Heimstatt des traditionsreichen Dresdner Kreuzchores. Aus ihm gingen bekannte Sänger, wie z.B. Theo Adam und Peter Schreier, hervor.

Kreuzkirche

Rathaus

Das Rathaus ist mit seinem zirka 100 Meter hohen Turm Teil der berühmten Dresdner Stadtsilhouette. Das Bauwerk wurde von 1905 bis 1910 im Stil der Neorenaissance erbaut. Elemente des Jugendstils und des Barock ergänzen die Architektur des Gebäudes. Die repräsentative Treppenanlage zu den Festsälen des Rathauses zählt zu den baukünstlerischen Glanzpunkten der Innenraumgestaltung. Weithin sichtbar ist die fast fünf Meter hohe vergoldete Skulptur auf der Turmspitze, bekannt als „Rathausmann".
In 68 Metern Höhe befindet sich eine Aussichtsebene, die einen phantastischen Blick auf Dresden und seine Umgebung ermöglicht.

Rathaus

Industriedenkmal Yenidze

Das Industriedenkmal Yenidze am südlichen Ende der Marienbrücke wurde von 1909 bis 1912 als Zigarettenfabrik erbaut. Später wurde das Gebäude als Tabaklager genutzt.
Der Stahlskelettbau erhielt eine äußere Verkleidung im orientalischen Stil. Die farbig gestaltete Glaskuppel und das Minarett, das als Schornstein diente, verleiht dem Gebäude das Aussehen einer Moschee. Damit gelang es, damalige Bauvorschriften zu umgehen und einen Industriebau im Bereich der Innenstadt zu errichten.
Nach der 1996 abgeschlossenen Restaurierung wird das Gebäude jetzt für kulturelle Veranstaltungen genutzt. In der Glaskuppel befindet sich heute ein Restaurant.

Yenidze

Staatskanzlei

Die Staatskanzlei am Neustädter Elbufer wurde von 1900 bis 1906 als so genanntes Gesamtministerium für die umfangreiche Verwaltung der damaligen sächsischen Regierung erbaut. Heute ist das repräsentative Gebäude Sitz des sächsischen Ministerpräsidenten sowie des Justiz- und des Innenministeriums. Die neobarocken Gestaltungsformen mit dem zentralen turmartigen Mittelbau und den hervorgehobenen Eckbauten verleihen dem Gebäude einen monumentalen Charakter. Die Außenwände sind mit Sandstein verkleidet. Mit Gestaltungselementen des Jugendstils werden besondere Bauteile des Gebäudes wirkungsvoll betont.

Staatskanzlei

Blockhaus

Das Blockhaus, westlich der Augustusbrücke auf der Neustädter Seite war ehemals ein Zollhaus und diente später als Neustädter Wache dem Schutz der Brücke. Der Beginn des Baues geht ins Jahr 1732 zurück. 1749 wurde das Gebäude durch ein Halbgeschoss aufgestockt, ehe es 1755 fertiggestellt wurde. Das Blockhaus zeigt sich im Stile des sächsischen Barock mit Anklängen frühklassizistischer Formen.
Von 1978 bis 1980 erfolgte der Wiederaufbau des im Krieg zerstörten Hauses, das heute von der Landesregierung für Veranstaltungen genutzt wird.

Blockhaus

Dreikönigskirche

Die Dreikönigskirche zwischen der Neustädter Hauptstraße und der Königstraße wurde von 1732 bis 1739 erbaut. Der 87,5 Meter hohe Turm des Gotteshauses wurde erst von 1854 bis 1857 hinzugefügt.
Der barocke Kirchenbau wurde nach seiner Zerstörung im Zweiten Weltkrieg in seiner äußeren Form wieder hergestellt. Von 1990 bis 1993 war das Gebäude Sitz des Sächsischen Landtags. Heute wird das Bauwerk als „Haus der Kirche" für kulturelle Veranstaltungen genutzt. Ein separater kleinerer Teil des Kirchenschiffes ist für Gottesdienste vorgesehen. Unter der Orgelempore befindet sich das berühmte Renaissancerelief „Totentanz" aus dem 16. Jahrhundert.

Dreikönigskirche

G. Ich.

Schloss Pillnitz

Das Schloss Pillnitz war Sommerresidenz und Lustschloss August des Starken und seines Dresdner Hofstaates. Das direkt an der Elbe gelegene Wasserpalais und das gegenüber liegende Bergpalais sind die von 1720 bis 1723 entstandenen Hauptgebäude der Schlossanlage. Ihre Architektur entspricht mit den nachempfundenen japanischen und chinesischen Stilelementen dem damaligen Zeitgeist. 100 Jahre später erhielt das Ensemble mit dem neuen Palais eine bauliche Ergänzung, die sich mit ihren geschwungenen Dachformen den Nachbargebäuden harmonisch anpasst. Zwischen den Bauwerken befindet sich der nach französischem Vorbild gestaltete Lustgarten. Im Berg- und Wasserpalais ist heute das Dresdner Kunstgewerbemuseum untergebracht.

Schloss Pillnitz

Schloss Moritzburg

Das Schloss Moritzburg liegt in einer einzigartigen Wald- und Seenlandschaft 14 Kilometer nordwestlich von Dresden. Es war das Jagd- und Lustschloss August des Starken. Vier riesige Rundtürme bestimmen das Bild des Schlossbaues, in dem sich über 200 Räume und vier große Säle befinden. Seine heutige Gestalt erhielt das barocke Schloss von 1723 bis 1736 durch die Architekten Matthäus Daniel Pöppelmann und Zacharias Longuelune.
Bis 1945 war die Schlossanlage Wohnsitz der Wettiner. Ab 1947 wurden Teile des Schlosses als Museum für barocke Wohnkultur aus der Zeit August des Starken eingerichtet.

Schloss Moritzburg

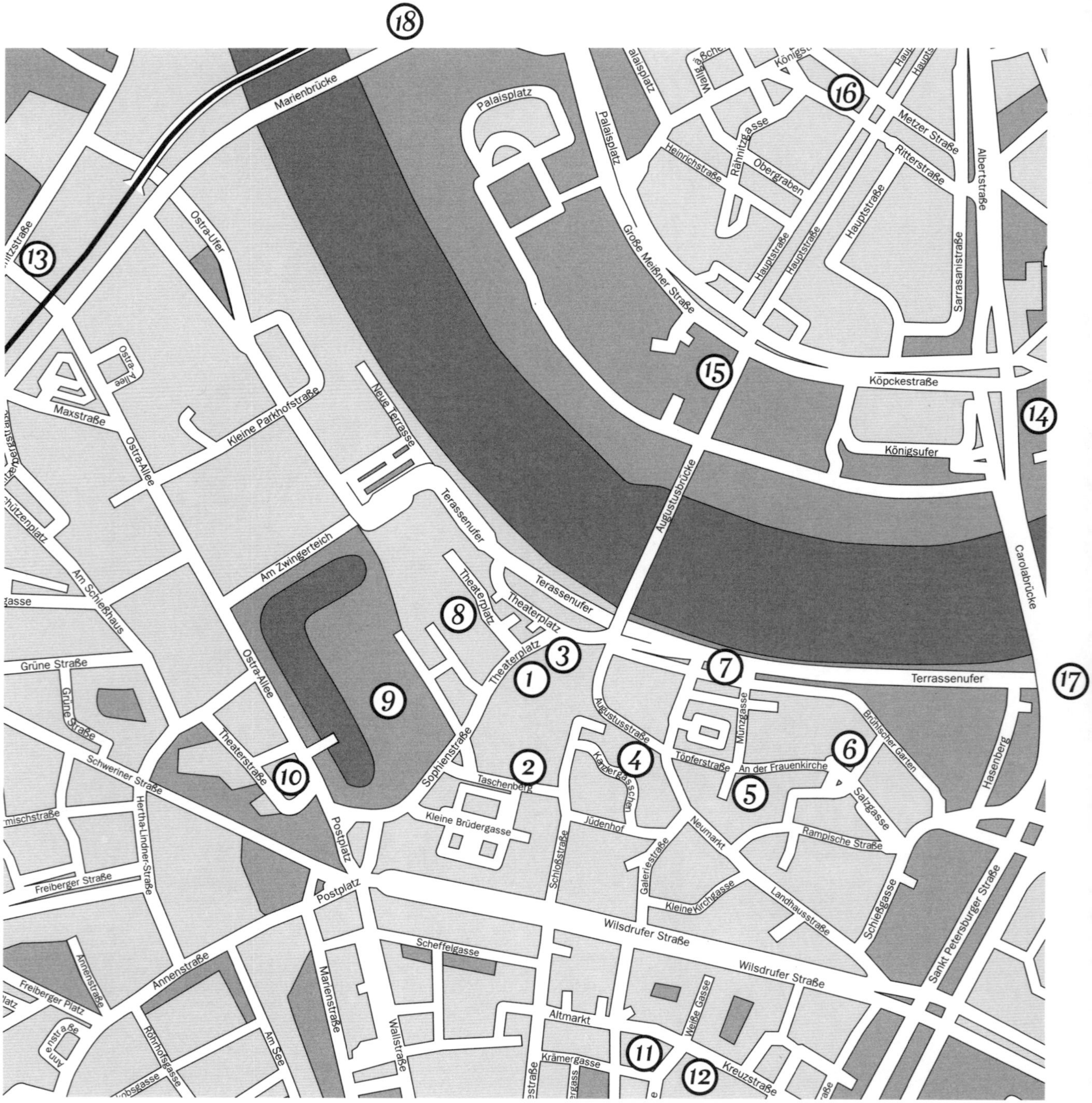

18
Marienbrücke
Palaisplatz
Palaisplatz
16
Königs
Metzer Straße
Ritterstraße
Rähnitzgasse
Heinrichstraße
Obergraben
Hauptstraße
Hauptstraße
Hauptstraße
Albertstraße
Sarrasanistraße
Große Meißner Straße
13
Ostra-Ufer
Ostra-Allee
Maxstraße
Kleine Parkhofstraße
Neue Terrasse
15
Köpckestraße
14
Königsufer
Terassenufer
Augustusbrücke
Carolabrücke
Am Zwingerteich
Terassenufer
Theaterplatz
Theaterplatz
8
Theaterplatz
3
1
7
Terrassenufer
17
Schützenplatz
Am Schießhaus
Grüne Straße
Grüne Straße
Ostra-Allee
9
Sophienstraße
Augustusstraße
Münzgasse
Brühlscher Garten
6
Hasenberg
Theaterstraße
10
2
4
Kanzleigässchen
Töpferstraße
An der Frauenkirche
5
Salzgasse
Schweriner Straße
Taschenberg
Kleine Brüdergasse
Jüdenhof
Neumarkt
Rampische Straße
Hertha-Lindner-Straße
Freiberger Straße
Postplatz
Postplatz
Schloßstraße
Galeriestraße
Kleine Kirchgasse
Landhausstraße
Schießgasse
Sankt Petersburger Straße
Wilsdrufer Straße
Wilsdrufer Straße
Scheffelgasse
Annenstraße
Annenstraße
Freiberger Platz
Marienstraße
Wallstraße
Altmarkt
Weiße Gasse
Röhrhofsgasse
Am See
Krämergasse
11
12
Kreuzstraße

Lageplan

1. Residenzschloss
2. Verbindungsbrücke
3. Hofkirche
4. Fürstenzug
5. Frauenkirche
6. Kunstakademie
7. Brühlsche Terrasse
8. Semperoper
9. Zwinger
10. Schauspielhaus
11. Kreuzkirche
12. Rathaus
13. Yenidze
14. Staatskanzlei
15. Blockhaus
16. Dreikönigskirche
17. Schloss Pillnitz
18. Moritzburg